# ¡OSO, OSO!

## ¡Qué curso más revoltoso!

### Historias sobre hiperactividad y déficit atencional

APULEYO EDICIONES     FOMENTO DE VALORES     CUENTOS ILUSTRADOS

Con mucho cariño para mi familia,
por acompañarme en este proceso
creativo; para mis amigas, por su apoyo
y paciencia; y para mi prima Marianita,
por ser mi primera lectora.

*Fernanda*

Para mi querida familia, en
especial a mi hermana Constanza.
Gracias por tu ayuda.

*Isidora*

**B**ienvenidos y bienvenidas a la clase de Leo el oso, este curso tiene muchos animales diferentes y por eso es muy particular.

Como puedes ver, cada animalito y animalita es único y especial, a pesar de sus diferencias, todos tienen una gran amistad.

Algunos son altos y otros son bajos, unos dicen ''pío'' y algunos dicen ''guau'', unos caminan y otros se arrastran.

Algunos son cafés, otros son
amarillos, blancos y verdes.

¡Existe un MUNDO de diferencias!

¿Quieres saber por qué
este curso es tan especial?

Te vamos a contar historias de algunos
compañeros y compañeras a los que les pasan
cosas que quizás a ti también.

Él es el conejo Pompón, tiene orejas largas y una colita de algodón.

En los recreos es muy juguetón, pero en las clases le cuesta poner atención. Todo a su alrededor le causa fascinación y por eso se le hace difícil la concentración.

Mientras Leo el oso enseña la clase, Pompón siempre quiere levantarse, sus piernas no dejan de moverse; ¡es como si un tornado lo llevase!

A Pompón, aparte de jugar, le gusta muchísimo conversar, incluso, durante la clase; a la pollita Kiki distrae sin parar.

En los días de evaluación, Pompón se pone triste porque recibe una mala calificación.

Él sabe que ha dado lo mejor, sin embargo, cuando estudia, quiere saltar por todo rincón.

No solo Pompón tiene problemas para concentrarse, su amigo, el zorro Tomi, tampoco puede atender a la clase.

A diferencia de Pompón, el zorro Tomi puede estar con sus piernas tranquilas, lo que lo confunde es la información que debe escuchar todo el día.

A Tomi le gustan mucho las matemáticas, las ciencias y el lenguaje; se esfuerza mucho por comprender toda la clase.

Tomi a veces se entristece cuando sus resultados no demuestran todo su amor por el aprendizaje.

Ahora te invito a pensar juntos: ¿Te ha pasado alguna vez como al zorro Tomi, que quieres prestar atención a la clase y sientes que no puedes lograrlo?

¡Esto le puede pasar a niños y niñas como tú!

Hay algo que no te habíamos contado, una compañera nueva llegó hace poco al curso de Leo el oso, su nombre es Simona y es una suricata.

Es un poco tímida y se acaba de mudar a la ciudad. Aún no conoce a mucha gente y a veces siente que no encaja con los demás.

En clases muchas veces se pone a pensar en sus amigos y amigas de su antigua ciudad, por esta razón no puede responder con claridad sus tareas y demás.

Pero, no te confundas, hay veces que nos cuesta poner atención por cosas que pasan en nuestras vidas o en casa.

Estas cosas nos preocupan y no las dejamos de pensar. Simona la suricata está triste por esta situación y se lo cuenta a su profesor.

Leo el oso agradece su sinceridad y ahora ayuda a Simona la suricata ¡muchísimo más!

¡LLEGÓ LA HORA DEL RECREO!

Tristán es un burrito que hace un tiempo está muy triste, su doctor le dijo que se llamaba ''depresión''.

Al principio no lo entendió, pero su mamá le explicó que a veces la tristeza puede venir sin explicación.

La pena que siente Tristán hace que no pueda prestar mucha atención, y en ocasiones la clase de Leo el oso no es de mucha entretención.

A veces no siente motivación, a la escuela
no quiere ir, sus compañeros lo invitan a jugar,
pero ni ganas tiene de salir.
Tú te preguntarás: ¿No le ocurre algo similar
a Simona la suricata?

En realidad, aunque suene parecida la
situación, el burrito Tristán debe ir a visitar
a un doctor. Incluso a veces, su estómago
ruge como un león y esto le hace sentir
algo de dolor.

Flash es un perrito con mucha imaginación, le gusta ver historias de superhéroes por televisión, también disfruta jugando videojuegos. Su mente es como una gran bola de fuego.

Esto lo hace varias horas al día, después del colegio se queda pegado en su silla, aventuras vuelan, aventuras quedan; se la pasa horas con sus amigos en línea.

Lo malo de pasar tanto tiempo frente al computador es que en la clase de Leo el oso se distrae un montón. Su único motor es terminar pronto el colegio para poder irse a su casa a jugar sin receso.

Hay veces que las clases son divertidas, como cuando Leo el oso, en historia, pone películas explicativas. Así Flash se concentra el doble y puede entender la historia de Zootopia.

En el curso de Leo el oso hay una alumna llamada Kiki, es una pollita muy amistosa y divertida. Además, para ella, es muy fácil hacer nuevos amigos, ya que a muchos colegios ha ido.

Para Kiki es toda una aventura conocer nuevos compañeros y compañeras. Le parece una tarea fácil y entretenida. Lo que tienen que saber es que Kiki se cambia de colegio porque tiene una importante situación.

Ella no logra nunca concentrarse ni prestar atención, por más que lo intente tiene dificultades, es como si su cabeza viviera en otra dimensión.

Cuando esto comenzó, los padres de Kiki no entendían qué ocurría, pensaban que cambiándola de colegio se solucionaría.

Luego, con la ayuda de una doctora, lograron saber qué sucedía; nuestra pollita Kiki concentrarse no podía. Pero no porque no quisiera o no le gustara aprender, simplemente su mente no podía.

En nuestra última historia les presentamos
a Fran la jirafa, quien, durante este último
tiempo, no lo ha pasado muy bien. Te estarás
preguntando: ¿Qué le ha pasado a Fran?

Es una situación que quizás a ti o a algún amigo
o amiga le ha tocado pasar. Los padres de Fran
ya no se entienden más, por esto el papá jirafa
se mudó a otro lugar.

Esto es completamente nuevo para Fran y
por ello su rendimiento escolar ha visto bajar.
Incluso en el recreo no le dan ganas de jugar.

No sabe cómo contarle a sus compañeros lo que está pasando en su hogar.

Para la suerte de Fran, la pollita Kiki también vivió una situación similar, por eso lo ha podido ayudar y acompañar. Ahora Fran se siente mejor y agradece a la pollita Kiki su preocupación.

Leo el oso ya sabe lo que pasó, ahora es un poco menos exigente con Fran, porque entiende que los pensamientos de su cabeza no lo dejan estudiar.

Ahora que ya conoces la historia del curso de Leo el oso, puedes entender que cuando nos cuesta tomar atención en clases, muchas veces no depende de nosotros.

Cuando vamos al colegio, hay materias que nos aburren y otras que nos divierten, y queremos que sepas que esto es normal, a muchos niños y niñas les suele pasar.

Leo el oso sabe muy bien cómo despertar el interés de sus estudiantes, planea juegos y actividades para motivar a la clase.

Al terminar el año escolar, todos los animales estaban encantados con sus aprendizajes, listos para sus vacaciones y para jugar toda la tarde.

Extrañarán mucho a Leo el oso, pero lo que no saben es que en su próximo año les dará clases la pingüina Normita. Viene desde muy lejos y de un lugar muy frío a compartir con ustedes su amor por el aprendizaje.

¡Nos vemos el año que viene!

¡Lo lo

araron!

© Fernanda Valentina Rojas Sepúlveda y Isidora Paz Pasarin Avendaño (de la obra)
©Apuleyo Ediciones (de esta edición)
Primera edición en Apuleyo Ediciones: mayo 2024
Diseño de cubierta: Sofía Corzo González
Corrección: Aitor Andreu Guerrero
Maquetación: Domingo Carrasco Martín
Ilustraciones: Sofía Muñoz Petersen
Coordinación editorial: Isidoro Cidre González
info@apuleyoediciones.com
www.apuleyoediciones.com
ISBN: 978-84-1060-104-8
Depósito legal: H 32-2024

Hecho e impreso en España.

Isidora Pasarin A.
Fernanda Rojas S.

APULEYO EDICIONES     FOMENTO DE VALORES     CUENTOS ILUSTRADOS